AF232053

LES
ATES FATALES

(De 1799 à 1877)

PAR

ALEXANDRE LAYA

AVOCAT

AVEC UNE PRÉFACE DE

ÉMILE DE GIRARDIN

Prix : 15 centimes

PARIS

A. PROVOST, ÉDITEUR

33, AVENUE DE LA GRANDE-ARMÉE, 33

Et chez tous les libraires.

VENTE EN GROS : RUE DU CROISSANT, 8

1877

A L'AUTEUR ET A L'ÉDITEUR

Le seul grand péril qui menace présentement la France, je l'ai dit ailleurs, et je le répète ici, c'est l'IMPÉRIALISME.

Premièrement, parce que malgré les désastres de 1814, ceux de 1815 et enfin ceux de 1870, l'Empire compte encore de nombreuses et persistantes sympathies surtout dans les communes rurales où il existe des familles de paysans, justement glorieuses d'avoir eu parmi leurs grands-pères, leurs pères, leurs oncles, un colonel, un capitaine, un lieutenant, un simple décoré de la Légion d'honneur sur le champ-de bataille, ce décoré, ce héros ne savait pas lire ! — enfin un vieux soldat mutilé.

Deuxièmement, parce que les populations rurales, en possession des biens nationaux achetés par elles, étant toujours sous la crainte que l'ancien régime ne soit ramené par la royauté d'Henri V et l'influence des curés, l'Empire leur paraît être la plus forte digne, la seule assez puissante pour les préserver de cette irruption qu'elles redoutent à l'égal de la plus grande des calamités.

Troisièmement, parce que la presse libérale, parce que la presse républicaine ne pénétrant dans les villages et les hameaux qu'à titre de très-rares exceptions, n'ont pu y faire la lumière sur la légende napoléonienne.

Quatrièmement et enfin parce que l'instruction primaire n'a encore combattu que très-imparfaitement l'ignorance rurale.

C'est pourquoi mon concours le plus dévoué est acquis à toute publication ayant pour but et devant avoir pour effet de dissiper des illusions populaires qui sont de profondes erreurs démocratiques.

Ce qui est à craindre, ce n'est pas le retour à l'ancien régime, parce qu'il n'est plus possible. Ce qui est à craindre, ce n'est pas le retour de Henri V et du cléricalisme royaliste.

Ce qui est à craindre, c'est le retour du régime de 1852. Ce qui est à craindre, c'est le retour de Napoléon IV, filleul de Pie IX, et du cléricalisme impérialiste.

Ce retour serait certainement le signal d'une nouvelle guerre avec l'Allemagne, celle-ci marchant contre nous derrière l'Italie, et peut-être encore une nouvelle invasion, un nouveau démembrement, une nouvelle « date fatale. »

Je ne saurais donc que vous féliciter d'avoir joint vos efforts aux miens dans l'œuvre patriotique à laquelle j'ai voué mon dernier souffle.

Le succès qui a encouragé mes efforts couronnera les vôtres.

Tous mes vœux !

ÉMILE DE GIRARDIN.

ÉLECTIONS DE 1877

LES DATES FATALES

(De 1799 à 1878)

ÉLECTEURS !

Lisez :

— Ce ne sont que des faits, *presque* sans commentaires :

1°

Voulez-vous recommencer ?
— Payer de nouveaux milliards ;
— Voir tuer des milliers d'hommes ;
— Perdre encore quelques provinces !

Nommez des députés bonapartistes et monarchistes.

2°

Voulez-vous au contraire :
LA PAIX A L'INTÉRIEUR ET A L'EXTÉRIEUR ;
LA LIBERTÉ ET TOUS SES BIENFAITS ;
LES PROGRÈS ET TOUTES LEURS RICHESSES ?

Nommez des Députés Républicains.

TABLEAU DES DEUX EMPIRES

DATES FATALES

PREMIER EMPIRE — NAPOLÉON Ier	DEUXIÈME EMPIRE — NAPOLÉON III
18 Brumaire — le Coup d'État — 1804 — le *Couronnement*.	2 décembre 1851 — le Coup d'État — 1852 — le *Couronnement*.
De 1804 à 1815 : onze années de guerre, de carnage, un million de Français massacrés, perte de toutes les libertés nationales!!!	De 1852 à 1871 : dix-neuf années de guerres, de carnage, de Français massacrés, pour perdre avec la vie toutes les libertés nationales.
CONCLUSION	CONCLUSION
1815. Invasion : **Waterloo!**	1870. Invasion : **Sedan!**
Perte de nos provinces. — Les fameux traités de 1815.	Perte de l'Alsace et de la Lorraine.

Électeurs!!! Prenez garde! Tout cela vous menace!

LES DATES FATALES

DÉTAILS AUTHENTIQUES

Pas un fait, pas une allégation soumis à nos lec‑
teurs, ne peuvent être contestés.

Suivons-les pas à pas.

⁂

Le 18 Brumaire.

— Un mot d'abord sur Bonaparte (qui devint Napo‑
léon 1er).

La carrière de Bonaparte, *né en Corse*, commença
par un acte de stratégie très-remarquable.

Simple lieutenant d'artillerie, lors du *siége de Tou‑
lon*, 1793, il détruisit la flotte anglaise par la position
qu'il fit prendre à ses batteries.

Bonaparte végétait depuis cette époque, et jusqu'au
18 vendémiaire an IV (5 octobre 1795), il ne jouait
aucun rôle.

Dans une insurrection contre la Convention, un des

directeurs, Menou, était remplacé par Barras ; ce dernier demanda qu'on lui assignât, pour combattre les insurgés, le *colonel Bonaparte*, son ami.

Ce dernier fit manœuvrer ses batteries contre les sections réunies, qui comptaient 40,000 insurgés.

BONAPARTE LES MITRAILLA IMPITOYABLEMENT !!... Beau début !

Ce haut fait d'armes d'une artillerie formidable contre des hommes presque désarmés lui valut le grade de général.

Pendant quelques années, de 1796 à 1799, des faits purement militaires tinrent Bonaparte hors de France.

Pendant que les nouvelles arrivaient, annonçant le triomphe de notre expédition républicaine en Égypte, tout à coup, le 18 Vendémiaire an VIII (9 octobre 1799), on apprend le débarquement de Bonaparte à Fréjus.

Le Directoire se composait alors de Barras, Gohier, Sieyès, Roger Ducos et Moulins.

Sieyès et Barras en étaient les véritables chefs ; et au *Conseil des Anciens*, Régnier, qui était dans le complot, proposa, en annonçant l'arrivée du général Bonaparte, arrivée qu'il qualifia de *providentielle* (mot dont on a abusé terriblement, depuis cette époque) de le nommer commandant de la dix-septième division militaire, obtenant, en outre, l'ordre de transférer le Corps législatif à Saint-Cloud.

A cette nouvelle, le Directoire est détruit ; quatre

directeurs donnent leur démission ; l'un d'eux est arrêté.

Bonaparte se rend avec ses grenadiers à Saint-Cloud.

Le Corps législatif qui veut résister à l'usurpation qui menace de triompher, est réuni dans l'Orangerie de Saint-Cloud.

Le président Lucien Bonaparte, frère du général Napoléon Bonaparte, l'attendait :

Bonaparte se présente.

Il est accueilli par d'unanimes protestations...

Il entre, suivi de quelques grenadiers seulement !

Il est pâle ! il n'ose pas encore fermer, dès son retour en France, le refuge de la liberté..., il hésite..., il se retire...

Mais son frère Lucien sort ; il l'encourage ; il harangue les troupes qui entrent alors, ayant Bonaparte à leur tête, et la baïonnette en avant...

Les membres du Corps législatif veulent encore protester ; — la troupe marche toujours ; les uns sont bousculés ; c'est un sauve-qui-peut général ; les députés s'échappent les uns par les portes, les autres par les fenêtres... La République reçoit son coup de mort !! BONAPARTE L'A ASSASSINÉE !...

Quelques cris : « A BAS LE CÉSAR !! » se perdent au loin...

La République fut tuée ainsi par le premier Bonaparte, citoyen Corse, le 9 novembre 1799, c'est-à-dire :

Le Dix-huit Brumaire au VIII, première de nos DATES FATALES !!!!

Le Consulat et l'Empire.

(de 1799 à 1804.)

Une constitution nouvelle fut promulguée qui créait un Consulat composé de huit membres.

Bonaparte fut nommé premier Consul, ainsi que notre grand poète Victor Hugo l'a dit :

« *-Déjà* NAPOLÉON *perçait sous* BONAPARTE. »

Les allures, les tendances, les gestes du *premier* Consul révélèrent l'ambition du futur Empereur.

Les menées habituelles furent mises en jeu contre les Républicains.

Un complot, dans lequel on reconnut plus tard les auteurs qui appartenaient au parti Royaliste, fut mis sur le compte des Républicains.

Cent trente furent déportés !

Enfin, le 18 mai 1804, grâce à la sincérité du *Tribunat*, du *Corps législatif* et du *Sénat*, vendus à ce despote, NAPOLÉON fut proclamé Empereur à Saint-Cloud.

C'était à Saint-Cloud que, cinq ans auparavant, avait été commis le crime du 18 Brumaire.

Premier Empire.

(1804-1814-1815.)

Le 2 décembre 1804 (notez cette *date fatale du 2 Décembre!!*) à Notre-Dame de Paris, *le pape en personne* (et non plus un simple archevêque de Reims) sacra le nouvel Empereur.

Dès ce jour, tout fut changé.

L'astre brillait... ses victoires, son génie militaire et une séduction personnelle bien dangereuse; la corruption employée par tous les moyens; la vanité exploitée; les richesses accumulées; des fiefs nouveaux créés; tout ce qui était République monarchisé;

Des Rois, des Princes, des Ducs, des Pages, se substituant à la simplicité Républicaine; le tout couronné par le triomphe de la force;

Voilà ce qui constitue, tout d'un coups, la *nouvelle dynastie.*

On peut dire qu'à dater du sacre de l'Empire, l'éblouissement fut tel que la France fut aveuglée.

La grande comédie du cirque impérial commença; les principes, les grandes idées humanitaires, les grandes œuvres du XVIII° siècle, tout cela fut anéanti... le mensonge éclatant d'un despotisme qui rappelait les saturnales du Bas-Empire tint, pendant dix longues années, la France sous le joug.

Cela dura de 1804 à 1815, plus de dix ans :

Depuis le 18 Brumaire, l'Empereur et les Rois, n'eurent d'autre but que de terrasser la grande Révolution de 1789.

Nous allons voir comment !...

Napoléon avait alors imposé l'autorité de son audace et de son génie militaire. Il obtient des corps constitués la création d'une armée formidable.

Il paye de sa personne, lève le camp de Boulogne, traverse le Rhin, entre en Bavière avec 160,000 hommes, composant sept corps d'armée commandés par des héros formés, pour la plupart, par les guerres de la République, *Bernadotte, Davoust, Soult, Lannes, Ney, Augereau, Murat, Nansouty, d'Hautpoul, Klein, Masséna, Gouvion-Saint-Cyr*, etc., etc.

Hommes d'un courage digne des héros d'Homère !...

La victoire est partout :

A Wertingen, à Ulm, à Austerlitz, les armées de la coalition sont écrasées... Partout le drapeau de la France triomphe. Partout?... Non !...

Dans un coin du détroit de Gibraltar, à Trafalgar, notre Méphistophélès, le lion britannique, sous le commandement de Nelson, poussait un cri de victoire sardonique... Au milieu de nos triomphes... les restes de la marine française étaient détruits...

L'amiral Nelson y était tué...

Mais l'Angleterre, spectatrice muette et absente des champs de bataille sur le continent, souriait d'une rage féroce de cette irréparable défaite sur mer.

Les gloires militaires.

Aussitôt l'Empire proclamé, les guerres recommencent, non plus la guerre défensive de la République, mais la guerre effective, de pure ambition; car sans ce genre de guerre (diversion indispensable) il n'y a pas d'Empire possible.

*

Voici le bilan, sans commentaire :

Napoléon Ier eut d'abord la pensée d'organiser une descente en Angleterre.

Une flottille de 2,000 bâtiments, montés par 16,000 marins, 160,000 hommes de débarquement, ayant à bord une artillerie formidable, menaça l'Angleterre; mais la Grande-Bretagne, effrayée, suivit ses instincts d'habileté politique accoutumée.

Elle entraîna à sa cause l'Autriche, la Russie et la Suède, à former une troisième coalition.

*

Ainsi se passèrent les deux premières années de l'Empire. Beaucoup de victoires sur beaucoup de cadavres...

Mais Napoléon rentrait, et les cloches des *Te Deum* et les salves d'artillerie couvraient encore le cri des mourants.

Nota. — Il y a quelques jours, sous le titre de

Bilan de l'Empire, la *France*, le journal de notre éminent publiciste Emile de Girardin, a publié la liste des batailles !...

(L'espace nous manque pour en indiquer les détails. Nous y renvoyons nos lecteurs.)

Toujours est-il qu'on peut résumer ces abominables combats par un seul mot :

Napoléon créa en Europe un nouveau fleuve que ses *Te Deum*, ses fêtes, pouvaient faire nommer le *Fleuve des Gloires*, mais que nous nommerons, nous, le FLEUVE DU SANG !!!

***

Son divorce.

Ici se place un incident qui fut encore fatal à l'usurpateur.

La vanité du parvenu l'avait enivré.

Il avait trouvé, dès le début de sa carrière, une femme dévouée, aimée, estimée de tous, Joséphine de Beauharnais ; mais son mariage ne lui avait pas donné d'enfant.

L'idée de l'*hérédité de sa dynastie* s'empara alors de l'Empereur.

Une princesse autrichienne, l'archiduchesse Marie-Louise, lui fut proposée.

Napoléon commit une mauvaise action. Il trouva dans la servile obéissance de l'archichancelier et de son Sénat, des moyens extra-légaux pour faire pro*noncer son *divorce avec Joséphine !*

Une guerre lui fut fatale : la guerre contre l'Espagne.

Nous entrons ici dans une phase terrible, où la puissance du nouveau César va se trouver face à face avec de sérieux dangers.

***

(1812). — La situation est bien simple :

Napoléon a conquis par son mariage l'alliance de l'Autriche et de la Prusse.

L'Angleterre et la Russie, d'un autre côté, l'attendent, unies et décidées à le perdre.

Ce ne fut pas long :

La première période de sa chute dura sept mois : de mai à octobre 1812.

Napoléon part pour Dresde.

Là, les petits rois du Nord, l'empereur d'Autriche et le roi de Prusse viennent saluer le conquérant.

Sa première mesure est de créer de nouveau le royaume de Pologne.

La diète de Varsovie le proclame.

L'Empereur, impatient d'attaquer la Russie, vierge encore de ses attaques, part immédiatement pour cette contrée au climat d'acier.

Le 24 juin, il passe le Niémen ; Wilnas, Witerpsk, Ostrowno, Posotyk, Mobilow, Smolensk, la Moskowa, toutes ces villes se rendent. Napoléon avance toujours. Mais les jours, les mois, le temps avec son implacable faux, avancent aussi, et ce n'est que le 14 septembre 1812, que Napoléon fait son entrée à Moscou.

Spectacle étrange !

En pénétrant dans ce pays glacé, l'Empereur trouve une résistance telle, un courage stoïque si résigné, des soldats si forts, que nos vieux grenadiers n'en revenaient pas de rencontrer tant de courage, sans enthousiasme.

« Ces hommes d'airain, disait-on, ces soldats russes, quand on les tuait, paraissaient rester debout, il fallait non-seulement les frapper à mort, il fallait encore les renverser ! »

Et puis fatale tactique !

A mesure que Napoléon avançait, ses pas de vainqueur étaient singulièrement éclairés ! Lui que les illuminations accueillaient dans les villes conquises, la torche de l'incendie seule célébrait ses rapides victoires.

Dans une nuit, le tocsin réveilla le vainqueur. Le gouverneur Rostopchin incendia Moscou !

Napoléon comptait sur ses conquêtes pour arriver à traiter de la paix.

Mais le gouvernement russe attendait patiemment. Son climat terrible allait devenir le plus formidable engin de guerre qu'il pût opposer au conquérant.

Il fallut se retirer!...

Lisez les détails de cette retraite de 1812!... Voyez sur les chemins déserts nos malheureux soldats tombant et mourant de faim et de froid.

Lisez les détails horribles du *passage de la Bérésina !*... la fuite de l'Empereur... de l'Empereur, qui se sauve à Paris où la conspiration de Mallet, bien que déjouée, lui prouva à son retour que la fortune l'abandonnait.

La lassitude de l'Europe se dressait devant le despote et le despotisme allait enfin tomber!...

Sixième et dernière coalition.
(1813-1815).

La défection de ses alliés fut prompte.

On voulut en finir.

500,000 hommes furent immédiatement réunis par les puissances contre Napoléon.

L'Empereur était accouru à Paris. Il avait obtenu une levée de 300,000 hommes à opposer à la coalition.

On ne peut s'imaginer les prodiges de valeur de cette jeune armée... et si l'espace nous le permettait, nous donnerions le récit dramatique des luttes suprêmes de ce géant du despotisme.

Car si nous détestons, du plus profond de notre

cœur, cet abominable, cet homicide système du gouvernement impérial, nous ne refusons pas une admiration légitime à ce courageux et désespéré lutteur de 1814 et de 1815.

Mais tout l'abandonna.

Tout et surtout les siens !

Ces maréchaux qu'il avait enrichis, ces frères qu'il avait créé rois, ce corps législatif qui s'était courbé sous son glaive, tous ces hommes enrichis, repus, voyant l'étoile pâlir, jetèrent sur ses dernières lueurs le voile de la trahison.

L'Abdication. — l'Ile d'Elbe. — Les Cent jours.—Waterloo. — Ste-Hélène.

L'invasion triomphe !

Les alliés entrèrent à Paris !

La trahison leur en avait ouvert les portes. Talleyrand faisait nommer par le Sénat un gouverneur provisoire, on déclarait *Napoléon déchu du trône, le droit d'hérédité aboli dans sa famille, le peuple Français et l'armée déliés envers lui du serment de fidélité;* Napoléon résistait encore avec une cinquantaine de mille hommes ; mais Raguse le trahit; on le contraignit à une abdication qu'il signa à Fontainebleau; et l'*Ile d'Elbe* lui fut assignée pour retraite.

1815. Débarquement de Napoléon.

Un épisode faillit rendre à Napoléon sa puissance brisée :

Le comte de Provence, frère de Louis XVI, fut choisi par les sénateurs impériaux, pour le trône de France. Il revint d'Angleterre, appuyé par l'invasion, et prit le titre de roi sous le nom de *Louis XVIII.*

Louis XVIII était un homme lettré, mais entiché des vieilles prérogatives de la royauté de droit divin.

Il commit une première maladresse qui frappa son avènement d'impopularité.

Il *consentit* à *octroyer* une *charte.*

« La façon de donner vaut mieux que ce qu'on donne. » — Louis XVIII, par la fierté de cette concession autoritaire blessa, tout d'abord, les libéraux qui considéraient son arrivée comme un retour à la liberté.

Le *congrès de Vienne* était assemblé ; on y délibérait sur le morcellement de notre territoire ; on frappait la France de douleur après l'avoir vaincue !...

Tout à coup on apprend que Napoléon s'est enfui de l'île d'Elbe, que, le 1er mars, débarqué à Cannes, il a adressé une proclamation au peuple français ; qu'il marche sur Grenoble ; qu'il est arrivé à Lyon ! Enfin le 20 mars, il arrive à Paris.

L'enthousiasme qu'il excite, l'enivrement qui s'empare de ses anciens soldats, tout cela l'accueille à son arrivée...

Malheureusement un mot, un seul mot, ajouté à sa proclamation, renverse tout l'échafaudage de ces nouvelles ovations.

Il présente au pays ce qu'il appelle l'ACTE ADDITIONNEL.

Ce mot rappelle les *Institutions impériales*, le despotisme, le principe de l'autorité, les abus — ce mot évoque le passé. —

La popularité se refroidit aussi promptement qu'elle s'est exaltée !

Cependant, son retour avait donné un nouvel élan aux puissances ennemies.

Cent jours suffirent à la chute définitive du colosse.

C'est dans le champ de WATERLOO que sont enfouis les restes de notre vieille garde ; c'est dans ce *campo santo* de l'héroïsme qu'est ensevelie la fortune de Napoléon...

Et la France fut morcelée !!

Et les milliards perdus, les millions de cadavres enfouis sur tout le continent !

Voilà tout ce qui resta ; voilà tout ce qui doit rester de tous ces gouvernements où les libertés sont étouffées et qui ne peuvent vivre que par les désastres de la guerre !

Et la France souhaite recommencer à subir tout cela ? Non, cela ne sera pas ! ! !

Restauration (BRANCHE AÎNÉE)
Révolution de 1830 (BRANCHE CADETTE)
République de 1848

TABLEAU DES DEUX MONARCHIES

1°

La Monarchie de Droit-Divin (branche aînée).

Héritier : le comte de Chambord (Henri V.)

—

1815.   Retour des Bourbons ramenés par les Russes, les Anglais, etc., en France; Charte constitutionnelle *octroyée*.
   Roi : *Louis XVIII.*
Traités de 1815, Sainte-Alliance. Persécutions : massacres dans le Midi; le maréchal Brune, les protestants, le général Ramel, égorgés. — Règne de la *Terreur-Blanche.*
1822.   *Ministère Villèle.*
Gouvernement occulte des Jésuites. Guerre réactionnaire et monacale d'Espagne.
1824.   Réaction. — Expulsion du député Manuel.
Mort de Louis XVIII. Règne de Charles X, dit règne du *parti-prêtre* — Loi du *Sacrilége;* le *milliard d'indemnités aux émigrés.*—20 novembre, mort du général Foy. Manifestations populaires malgré cela :

1826. Loi sur les substitutions et le droit d'aînesse, proposées par le parti rétrograde et clérical. — Propagande des missionnaires.

1827. Lois contre la presse. — Rétablissement de la *censure*.—Luttes généreuses du libéralisme. — Nouvelle Chambre plus libérale. — Ministère Martignac ; tentatative de liberté, renvoi des Jésuites. . . . . mais en

1830. Triomphe nouveau de la camarilla. — Polignac. — Nouvelle Chambre. — Les **221** votent une adresse eontre le ministère Polignac. — Juillet 1830 : ordonnances.

2°

La Monarchie constitutionnelle de 1830.

Héritier : le comte de Paris.

—

1830. (Juilllet et août). — Révolution de Juillet ; chute des Bourbons de la branche aînée. — On nomme d'abord lieutenant général du royaume,

*Louis-Philippe I*er, duc d'Orléans.

Le parti républicain fait une tentative auprès de lui au Palais-Royal pour établir la République.

Louis-Philippe promet des lois libérales. Le général Lafayette proclame le Gouvernement constitututionnel du nouveau roi comme « *La meilleure des Républiques.* » — *La Charte* de 1830 est proclamée.

L'histoire de ce règne peut se résumer en deux mots. Le Gouvernement de Louis-Philippe, tantôt libéral, tantôt réactionnaire, n'a jamais suivi son programme primitif de 1830.

Les *Doctrinaires*, à la tête desquels M. *le duc de Broglie*, PÈRE DU DUC ACTUEL, et M. *Guizot*, ont été, de 1830 à 1848, les mêmes hommes que les Polignac, les Peyronnet et les Labourdonnais du règne de Charles X.

Des lois répressives de toutes les libertés; des procès innombrables contre les républicains, souvent insurgés contre la violation de la Charte même.

Des faits honteux, en ce qui concerne la politique étrangère, dont le système se résumait par la *Paix à tout prix*, — enfin, une violence illégale et le mépris amenèrent la chute du gouvernement de juillet, dont l'expérience est à jamais faite.

Révolution de 1848

On ne peut rien imaginer de plus étrange que la journée du 24 février 1848.

En quelques heures, la dynastie du roi Louis-Philippe fut renversée.

Dès le matin du 24 février une députation, à la tête de laquelle s'était mis M. THIERS, se présente chez le roi.

Louis-Philippe consentit à changer son ministère.

Mais IL ÉTAIT TROP TARD.

La Révolution ne put être entravée.

Commencée à huit heures du matin, elle s'achevait à deux heures....

Le roi Louis-Philippe montait en voiture, il partait pour le Havre, d'où il s'embarquait pour l'Angleterre.

Voilà comment s'acheva cette deuxième expérience de la Royauté constitutionnelle, cette fois sans coup férir..., et cela sous un tel sentiment de dégoût, que le nom qui lui fut donné, qui la qualifiera dans l'histoire, ce fut le nom de : *Révolution du mépris !*

1848

La République fut acclamée.

Mais la légende courait les campagnes ; au milieu des champs de bataille ensanglantés, fumant encore du sang versé, se dressait dans les chaumières une sorte de *petit Dieu* devant lequel le vieux soldat s'inclinait..., et lorsque la grand'mère montrait la statuette du glorieux despote, les enfants, bercés par le grand air de la *Marseillaise*, notre véritable chant national, associé à la légende de Bonaparte, les enfants murmuraient avec le même enthousiasme, les deux cris : *Vive la République !* et *Vive l'Empereur !*

Louis-Napoléon fut nommé par les campagnes *Président de la République.*

La trahison ne se fit pas longtemps attendre !

Tout le nomde sait comment se fit le coup d'État du 2 décembre 1851, CE 18 BRUMAIRE de notre siècle !

Tout le monde, en passant devant un petit hôtel que les *enfants de Paris*, toujours gouailleurs, nomment la *niche à Fidèle*, situé aux champs Elysées, auprès de l'avenue d'Antin, et qui appartenait au frère adultérin de Louis-Napoléon, le *comte de Morny*, sait que c'est là que ce *crime*, ce coup d'État du 2 décembre, fut comploté par ces deux frères adultérins, assistés d'un préfet de police, du sieur Carlier, par des généraux déshonorés dans l'armée pour des méfaits authentiques, les *Saint-Arnaud*, les *Magnan*, et tant d'autres.....

Le 2 décembre, cet assassinat, ce guet-apens historique, tua la seconde République, comme le 18 brumaire tua la première.

Il sortit de cette orgie de l'usurpation un second empire, ainsi qu'il était né de la première orgie de 1799 le premier empire, avec le DESPOTISME et la GUERRE !...

L'empire, c'est la paix.

A partir de ce jour, de cette DATE FATALE (2 décembre 1851), et cela pendant près de dix-neuf ans, jusqu'au 4 septembre 1871, nous assistons au calque non plus glorieux, mais *grotesque*, des faits à peu près semblables, copiés presque jour par jour sur le type du premier empire.

L'histoire de cet empereur ridicule, affublé de la couronne de fer et d'or, du manteau brodé d'aigles d'or, de l'uniforme de général, comme celui du Cirque olympique, ressemble à l'histoire de Napoléon Ier, comme l'*Enéide travestie* de Scarron ressemble au grand poëme de l'*Enéide* de Virgile.

La première parole mémorable sortie de la bouche de Louis-Napoléon fut l'*Empire, c'est la paix!*

Or, les premières mesures que prit ce souverain ce fut la *guerre de Crimée*, puis la *guerre d'Italie*.

Les constitutions impériales furent immédiatement évoquées.

Les libertés furent écrasées; le suffrage universel devint l'œuvre de faussaires, fabriquant des urnes et des votes, à tel point qu'il existe des exemplaires du *Moniteur universel*, du plébiscite, contenant les scrutins des électeurs d'un arrondissement qui, par un incident imprévu, N'AVAIENT PAS VOTÉ!

Les conseillers de Napoléon III accumulèrent fautes sur fautes.

Mais une des guerres les plus imprévues et les plus fatales, ce fut la *guerre du Mexique*, qui reproduisit, pour l'héritier de son oncle, les mêmes phases désastreuses de la *guerre d'Espagne* du premier empire.

Les fautes, les dilapidations, les sottises vaniteuses, sans cette excuse, la gloire, tout cela fut signalé par un groupe courageux qui avait pénétré dans le sein du Corps législatif.

La guerre civile, moyen du premier Napoléon, restait comme ressource au second Empereur.

Un prétexte n'est jamais difficile à créer pour déclarer la guerre. On ne fut pas long à le trouver.

****

La guerre contre la Prusse. — SEDAN, le WATERLOO du second Empire.

Un prince de Hohenzollern avait été désigné par la maison de Prusse comme devant arriver à la couronne d'Espagne. Ce prétexte, sans aucune importance, fut saisi par les conseillers de L'Empire pour amener un conflit.

Pourquoi la guerre fut-elle déclarée ?

Pourquoi l'outrecuidance des *Rouher*, des *Ollivier*, des *Le Bœuf*, fit-elle croire à notre pays, encore trompé, que notre armée était formidable ?

Pourquoi, dès le 9 août 1870, la déchéance de Napoléon ne fut-elle pas prononcée (ce qui eût arrêté les progrès de cette guerre néfaste) ?

Pourquoi, le 4 septembre 1870, l'Empereur, à la tête de 200,000 soldats, rendit-il son épée à Sedan ?...

Pour nous, la raison d'être de cette guerre, de cette lâcheté de Sedan, de ces tergiversations de la défense, de la trahison de Bazaine, la cause n'en est pas douteuse ; et, si nous en avons bientôt le temps, nous prouverons que le but réel que se proposait cet empereur, pour reprendre sa couronne, était de SE FAIRE RAMENER PAR LE VAINQUEUR.

Il y a là-dessous un *mystère* qui n'est qu'apparent, que nous dévoilerons peut-être, mais dont la cause est tout entière formulée dans une de ces formules légendaires qui furent toujours le guide de Napoléon III. Napoléon Ier, à Sainte-Hélène, avait dit : « DANS SOIXANTE ANS, L'EUROPE SERA RÉPUBLICAINE OU « COSAQUE ! ! ! »

Nous croyons fermement que les empereurs, d'accord secrètement avec le prisonnier de Sedan et sous l'inspiration de cette formule, en ont comploté la réalisation.

Mais, heureusement, la République nous a sauvés.

CONCLUSION

Électeurs !

Depuis sept ans, la RÉPUBLIQUE a fait ses preuves.

Son calme ; ses travaux pleins de conscience ; l'union des hommes qui honorent la France par leur caractère, leur talent, leur génie ;

La confiance illimitée qui a fait sortir de terre, en France et à l'étranger même, des MILLIARDS qui ont racheté les fautes de cette ère nouvelle, déplorable : *le second empire !*...

Tout cela vous prouve que, SEULE, la RÉPUBLIQUE est et doit être le gouvernement de notre chère patrie.

Donc : Groupez-vous autour des urnes, et nommez des

DÉPUTÉS RÉPUBLICAINS

D'abord les 363, et partout où vous rencontrez, dans les colléges, des candidats *bonapartistes* ou des candidats *monarchistes*, nommez, à leur place, des CANDIDATS RÉPUBLICAINS.

***

En vain le pouvoir confié, pour quelques mois, aux imprudentes mains de M. le duc de Broglie, de M. de Fourtou et de la *camarilla jésuitique*, nous menace d'étouffer la voix immense du suffrage universel ; vains efforts !

Soyez tranquilles, électeurs !

En défendant nos *droits* avec l'énergie indomptable de manifestations prises sous la protection des illus-

tres représentants de la LOI et de l'équité, nous for-
cerons bien ceux que l'on veut aveugler d'ouvrir les
yeux : alors ils verront le piége.

Les ministres, qu'environne le suprême dédain de
l'impopularité, se retireront, par prudence, devant la
manifestation républicaine de la nation.

Les *trois mois* de ce ministère seront les CENT
JOURS de nos adversaires.

NE CRAIGNEZ PAS QU'ILS OSENT TENTER UN COUP
D'ÉTAT.

Que reste-t-il du 18 *Brumaire?*

     Des Ordonnances de juillet 1830 ;

     Du ministère Guizot, de Broglie (le père),
       en 1848;

     Du Deux Décembre 1851. . . . .

Il reste le souvenir encore vivant de ces attentats !

Il reste un sentiment d'exécration contre ces
DATES FATALES !

Un coup d'État?

Avec qui? Par qui ?

Comptent-ils, par hasard, sur l'armée?

Non ! Non !

L'armée n'est plus composée de *Prétoriens !*

L'armée !

C'est le corps de nos concitoyens armés pour nous
défendre contre l'invasion étrangère ;

Elle se compose de nos frères, devenus nos pro-
tecteurs.

Il fut un temps néfaste, où le peuple dressait des
barricades contre l'armée !

Heureusement, ce temps là n'est plus... L'armée
n'a plus de citoyens à combattre...

Sauvegardienne de nos institutions républicaines,
elle ne se prêtera pas à une trahison contre elles ;

Ayant devant elle ses *propres amis (le peuple)*, l'armée qui, de nos jours, comprend nos droits, nous protégera, — nous en avons la foi.

Vive l'armée !

* *
*

Électeurs !

L'Exposition de 1878 est prochaine,

Nommez des députés Républicains ;

Ils recevront, au nom de la République, au palais du Trocadéro, les peuples étrangers, unis avec nous par le TRAVAIL.

La RÉPUBLIQUE FRANÇAISE, fortifiée par ses institutions, prouvera aux nations étrangères que la *Paix* et l'*Ordre* sont les bases fondamentales de nos relations avec elles.

Elles aimeront nos lois, dans la force desquelles elles trouveront la garantie certaine que la République est le seul gouvernement qui repousse de toute son énergie les idées de conquêtes.

Électeurs ! dans quelques heures, vous allez remplir un devoir sacré !

Nommez des républicains : c'est la loi de votre patriotisme ;

C'est la garantie de la paix nationale,

Vous n'y manquerez pas.

ALEXANDRE LAYA.

Paris. — Imprimerie Moderne (Barthier 4°), rue J.-J.-Rousseau, 61.

www.ingramcontent.com/pod-product-compliance
Lightning Source LLC
Chambersburg PA
CBHW071430030726
47594CB00006B/2656